Better be prepared!

Prepping und Krisenvor-
sorge für den Ernstfall

AF200551

Schritt für Schritt zum Profi-Prepper, inkl. Tipps und Tricks für eine sichere Vorratshaltung und ein durchdachtes Katastrophenmanagement

Tobias Falkenstein

🎒 INHALT

Das erwartet Sie in diesem Buch

Haben Sie sich schon einmal gefragt, was passiert, wenn das Weltwirtschaftssystem zusammenbricht, eine Finanzkrise die ganze Welt lähmt und dadurch Plündereien an der Tagesordnung sind? Was tun Sie, wenn eine schlimme Krankheit ausbricht, die nicht nur ein Land befällt? Gehören Sie zu den Menschen, die vorbereitet sind? Oder gehören Sie eher zu den Menschen, die keine Ahnung hätten, wie sie ohne moderne Hilfsmittel wie Elektrizität, Feuerzeug und

Kühlschrank überhaupt einen Tag überleben sollen? Aber vielleicht sind Sie auch einer von denjenigen, der gerne vorbereitet wäre, aber noch nicht so richtig weiß, wie. Dann halten Sie mit diesem Buch einen sehr guten Anfang in den Händen.

Der Begriff „Prepping" beschreibt die Art und Weise, sich mit bestimmten Maßnahmen auf Ausnahmesituationen, in denen nichts mehr wie gewohnt funktioniert, vorzubereiten.

In diesem Buch erfahren Sie, was Prepping eigentlich ist, welche verschiedenen Arten des Prepping es gibt und Sie bekommen hilfreiche Tipps, um selbst ein Prepper zu werden. Dieses Buch soll eine Hilfe für Sie sein und bietet Ihnen viele Informationen, gebündelt an einem Ort. Aber das Wichtigste ist: Keine Panik! Mit Ruhe und Gelassenheit werden auch Sie Stück für Stück zum vorbereiteten Prepper und sind gerüstet für alle Eventualitäten.

Was ist Prepping eigentlich?

Prepping kommt von dem englischen Wort *to prepare* und bedeutet *sich vorbereiten*. Es gibt verschiedene Arten des Prepping, die weiter unten noch näher erläutert werden. Aber worauf denn vorbereiten, werden Sie sich jetzt bestimmt fragen. Da gibt es ebenso viele verschiedene Szenarien wie auch Arten des Prepping. Es sind denkbare wie auch undenkbare Krisensituationen. Zum Beispiel eine Wirtschaftskrise, wie sie beispielsweise erst 2008 hier in Deutschland während der Bankenkrisen zu spüren war. Aber auch Ölkrisen oder Handelsstreitigkeiten können Lieferschwierigkeiten für Lebensmittel darstellen, da vieles davon nicht mehr in ein und demselben Land produziert und verarbeitet wird. Umweltkatastrophen wie Stürme, Erdbeben, Tsunamis oder Überschwemmungen, die in den meisten Teilen Deutschlands glücklicherweise nicht üblich sind, können auch schnell zu einer Notsituation führen. Stromausfälle gehören ebenfalls mit zu den denkbaren Szenarien. Sollten Sie zu den Leuten gehören, die sich nicht ausmalen können, was ein Stromausfall bewirken kann, dann schauen wir uns Fallbeispiele an. Im Jahr 2012 kam es in Indien zu einem enormen Stromausfall, bei dem ca. 620 Millionen Menschen betroffen waren. Diese saßen in Fernzügen, Aufzügen und Geschäften fest.

Es mussten 4000 Polizisten eingesetzt werden, um in der Weltmetropole Neu-Delhi den Verkehr zu regeln. Zum Glück konnte in diesem Fall der Strom, der wohl wegen der veralteten Infrastruktur im Land ausgefallen war, schnell wiederhergestellt werden und es kam zu keinerlei Ausschreitungen. Doch auch in einem Land, in dem die Infrastruktur bei Weitem besser ist als in dem Dritte-Welt-Land Indien, kommt es zu Stromausfällen. Erst im Dezember 2003 kam es in Nordamerika und in Teilen Kanadas zu einem heftigen Stromausfall, der rund 50 Millionen Menschen betroffen hat. Auch hier blieben die Menschen in U-Bahnen, Fernzügen und Aufzügen eingeschlossen und auf der Strecke stehen. Die Türen von Geschäften ließen sich nicht mehr öffnen. Zudem mussten auch die Flugzeuge auf dem Boden bleiben und es herrschte ein reines Verkehrschaos. Doch noch viel schlimmer war, dass es zu Ausschreitungen und Plünderungen kam. Auf der einen Seite gerieten die Menschen in Panik, weil der 11. September und der Angriff auf das World Trade Center noch allen in der Erinnerung war. Aber auf der anderen Seite einfach auch, weil der Mensch in Notsituationen zu Panik neigt und dann an sich und sein Wohlergehen denkt.

Eher unwahrscheinlich, aber auch denkbar sind Terroranschläge, Kriege oder kriegsähnliche Zustände oder auch ein Super-GAU. Für diejenigen unter Ihnen, die sich in der letzten Zeit weniger mit Atomenergie beschäftigt haben: Ein Super-GAU, ist der größte anzunehmende Unfall, der in einem

Atomkraftwerk passieren kann. Auch wenn in Deutschland die meisten AKWs abgeschaltet werden, haben Frankreich, Belgien, die Schweiz und Tschechien noch aktive Kraftwerke, von denen für Deutschland eine Gefahr ausgehen kann.

Es gibt hingegen viele Menschen, die sich auf ganz andere Szenarien vorbereiten. Angefangen bei Pandemien, über eine Pol-Umkehrung bis hin zur Zombieapokalypse ist in sogenannten Prepperkreisen alles vertreten. Diese Dinge zählen eher zu den undenkbaren Szenarien, wobei eine Pandemie jedes Jahr wahrscheinlicher wird. Mit wachsender Bevölkerung und zunehmender Globalisierung kann eine Pandemie Teil eines denkbaren Szenarios werden.

Solche Szenarien aus der Vergangenheit gehören mit zu den Gründen, warum viele Menschen heutzutage lieber preppen und vorbereitet sind. Es geht nicht immer darum, dass es Lieferschwierigkeiten geben könnte oder dass komplett der Strom ausfällt. Nein – hier geht es auch um das rationale und irrationale Verhalten von Mitmenschen. Hier sind die Menschen gemeint, die sich nicht vorbereitet haben und dann aus Panik anfangen, die Geschäfte leer zu kaufen.

Deswegen setzen viele Menschen heutzutage auf das Prinzip des Prepping, weil sie nicht unvorbereitet sein wollen, wenn beispielsweise die Wirtschaft zusammenbricht und nicht mehr genug Lebensmittel geliefert werden können. Seit Jahren rät auch die deutsche Bundesregierung, dass in jedem deutschen Haushalt ein Vorrat an Lebensmitteln und frischem Wasser für mindestens zehn Tage vorhanden sein sollte. Hierbei ist zu beachten, dass für jeden Erwachsenen zwei Liter Wasser gerechnet werden und 2200 kcal an Nahrung. Das ist ebenfalls Preppen. Außerdem wird empfohlen, einen gewissen Vorrat an Hygieneartikeln und an Verbandsmaterialien sowie Medikamenten im Haus zu haben. Besonders Medikamente, die man persönlich benötigt, sollte man für alle Fälle immer vorrätig haben.

Das Bundesamt für Katastrophenschutz hat für Fälle von Sturm, Hochwasser und Stromausfall diese Empfehlungen verfasst und stellt eine Checkliste zur persönlichen Vorbereitung auf seiner Homepage zur Verfügung. Diese kann man sich jederzeit kostenlos herunterladen, ausdrucken und sich anhand der Liste für den Krisenfall rüsten. Allerdings ist hier zu sagen, dass diese Liste eben nur die vorgeschlagenen zehn Tage umfasst und nur für ein Szenario dienlich ist, in dem man in seinem eigenen Zuhause bleiben kann. Was tun Sie beispielsweise bei einer Überschwemmung? Dafür gibt es weitere Hinweise im nächsten Kapitel.

Außerdem hilft die Liste lediglich dabei, den Vorrat anzulegen. Wie damit umzugehen ist, erklärt sie leider nicht. Aber auch das ist Prepping: den Umgang mit den nützlichen und nötigen Gegenständen zu lernen und zu üben.

Welche Arten des Prepping gibt es?

Wie oben bereits erwähnt gibt es verschiedene Arten des Preppen. Denn es gibt unterschiedliche Menschen, die sich vorbereiten und da steckt der Teufel eben im Detail. Es gibt nicht DIE eine Art des Prepping. Im Grunde gibt es viele Ansätze, die man beachten sollte und Fragen, die man sich beantworten sollte, bevor man beginnt. Doch dazu später mehr.

Prepping gibt es in mittlerweile in vier großen Kategorien. Diese werden im Folgenden näher erklärt, damit Sie sich ein genaues Bild davon machen können. Es fängt im Kleinen an: Beim schon erwähnten *Lebensmittelvorrat*, der an eine Wohnung oder ein Haus gebunden ist. Etwas intensiver ist der sogenannte *Fluchtrucksack* – oder auch *Bugout-Bag* genannt – mit dem man entweder vorübergehend oder endgültig von seinem Zuhause fliehen oder auch zu einem sichereren Ort gelangen kann. Dann gibt es noch die Königskür unter den Preppern. Diese Kategorie ist zugleich wohl auch die kostenaufwendigste: *der Bunker*. Hierbei handelt es sich um einen sicheren und anderen Menschen unbekannten Ort, an dem alles bereitsteht, was man in Krisenzeiten braucht. Und zu guter Letzt gibt es noch eine Zwischenvariante zwischen allen drei vorherigen Kategorien: das sogenannte *Bugout Vehicle* oder zu Deutsch *das Fluchtfahrzeug*.

LEBENSMITTELVORRAT

Der Lebensmittelvorrat ist uns allen höchstwahrscheinlich noch von unseren Eltern und Großeltern bekannt. Das eingekochte Gemüse aus dem Sommer, das selbst angebaut wurde. Die süß eingelegten Obstsorten aus dem eigenen Garten und der leckere Obstkompott, der im Herbst noch vom letzten Fallobst gemacht wurde. Die Kriegsgeneration war wahrlich ein Meister im Preppen, auch wenn dieser Begriff ihnen in dieser Art so nicht bekannt war. Damals hieß es Pökeln, Einlegen und Einmachen. Auch das sind heute noch wichtige Begriffe beim Preppen. Natürlich haben wir in der heutigen Zeit den Luxus und können fast alles in Konserven kaufen und einlagern.

Leider hat heute auch nicht mehr jeder die Möglichkeit, in seiner Wohnung selbst Gemüse oder Obst anzubauen. Die wenigsten haben einen Balkon, der groß genug ist, geschweige denn einen Garten. Hinzu kommt, dass den meisten Menschen heutzutage das nötige Wissen, wie man Lebensmittel durch Einkochen, Fermentation oder Einlegen haltbar machen kann, fehlt. Deswegen greifen viele auf die bequemere Variante der Konserven aus dem Supermarkt zurück. Was den großen Vorteil hat, dass sich diese wunderbar stapeln lassen, sie sind lange haltbar und sollten sie mal hinfallen, sind sie meist nicht gleich kaputt. Aber stellen Sie sich nur einmal vor, Sie haben den ganzen schönen Vorrat für zehn Tage und mehr in Konserven angelegt und dann haben Sie leider einen elektrischen Dosenöffner und es gibt einen mehrtägigen Stromausfall.

Sie merken, dass es beim Preppen auch viel um die Frage „Was wäre, wenn?" geht. Das ist nur ein Beispiel dafür, dass man jede Idee beim Preppen lieber zweimal hinterfragen sollte.

Aber nun zum Lebensmittelvorrat. Für einen guten Lebensmittelvorrat braucht man vor allem Platz und Organisation. Allein die vom Bundesamt für Bevölkerungsschutz und Katastrophenhilfe angegebene Menge an Getreide und Getreideprodukten wie Mehl und Nudeln für jeden Erwachsenen sind 3,5 kg. Das heißt, zwei Erwachsene bräuchten schon 7 kg Mehl und Nudeln, die nur als Vorrat dienen und im idealen Fall nicht aufgebraucht werden. Mehr zum Thema Lagerung und wie Sie am besten mit einem vernünftigen Vorrat verfahren, damit dieser auch nicht schlecht wird, erfahren Sie im Kapitel „Welche Art Prepping ist für wen geeignet und wie kann man damit beginnen?".

Auch Wasser sollte in der Vorratsplanung nicht fehlen, denn nur für Trinkwasser wären pro Erwachsenen 20 Liter für zehn Tage zu rechnen. Für zwei alleinlebende Erwachsene ergäbe dies insgesamt 40 Liter. Das können allerdings nicht einfach 40 Liter Leitungswasser sein, die in Kanister gefüllt in die Ecke gestellt werden. Wenn Sie schon mal eine Trinkflasche mit Wasser ein paar Tage vergessen haben und danach daran gerochen haben, wissen Sie, warum. Das Wasser wird schlecht und ungenießbar. Ganz besonders in einer Krisensituation möchte man keine Krankheiten riskieren, die durch abgestandenes Wasser verursacht werden können. Deswegen muss für den richtigen Lebensmittelvorrat auch Wasser gekauft werden. Doch auch bei gekauftem Wasser ist auf das Haltbarkeitsdatum zu achten. Sollten Sie jedoch Leitungswasser bevorzugen, müssen Sie es konservieren. Dafür gibt es verschiedenen Verfahren, die Ihnen später in diesem Buch noch erläutert werden.

Nun verstehen Sie vielleicht im Ansatz, warum

Sie für einen ausreichenden Lebensmittelvorrat auch ausreichenden Platz benötigen. Sicherlich wollen Sie nun wissen, warum Sie auch Organisation brauchen.

Zum einen beginnt ein richtig guter Lebensmittelvorrat damit, zu wissen, wie viele Vorräte Sie benötigen. Nicht nur für sich allein, auch für Ihre Familie. Ein Plan erleichtert Ihnen im Vorfeld das Preppen. Wenn Sie bei jedem Einkauf zwei Konserven mehr von Ihrem Lieblingsobst oder -gemüse, von Nudelpaketen und Mehl mitnehmen und ins Vorratsregal räumen, füllt sich der Lebensmittelvorrat von ganz allein und ohne Stress. Außerdem ist es für Sie durch eine gute Organisation und Planung einfacher, wenn Sie in Krisenzeiten nicht suchen müssen, sondern einen Plan haben, auf dem steht, wie viel wovon noch da ist und wo es steht. Das gilt für Lebensmittel, Trink- und Nutzwasser, aber auch für Hygieneartikel wie Seife, Desinfektionsmittel, vor allem für Wunden, Medikamente und unabdingbare Nutzgegenstände wie Feuerzeuge, Feuerstahl, Messer, Kerzen, Gaskocher und Wärmedecken.

Vielleicht wundern Sie sich jetzt, warum die zuletzt genannten Dinge bei einem Lebensmittelvorrat stehen, aber um auf alles vorbereitet zu sein, sollte man auch alle Eventualitäten in Betracht ziehen. Vorhin gab es das Beispiel von einem großflächigen Stromausfall, der ein paar Tage anhält. Wie wollen Sie in diesem Fall denn für sich und Ihre Familie eine Dose Essen erwärmen oder Nudeln kochen? Wie können Sie abends oder nachts noch sehen, wo Sie in Ihren eigenen vier Wänden hingehen? Sie werden sich jetzt sicher denken, dass Taschenlampen eine Möglichkeit sind.

Das ist auch richtig, aber was tun Sie, wenn die Batterien leer sind und es haben keine Geschäfte auf, um neue zu kaufen? Vielleicht haben Sie welche auf Vorrat. Nur wie lange schon? Ist aus denen vielleicht schon die Säure ausgelaufen? Wie halten Sie sich und ihre Familie warm, sollte der Stromausfall im Winter kommen? Dann ist es lebensnotwendig, die Körperkerntemperatur nicht unter 35 Grad sinken zu lassen, damit keine Hypothermie, Unterkühlung, und im schlimmsten Fall eine Erfrierung die Folge ist. Aus diesen Gründen gehören eben auch die genannten Dinge wie Feuerzeug, Gaskocher, Wärmedecken und noch vieles mehr zu einem Lebensmittelvorrat dazu.

FLUCHTRUCKSACK ODER AUCH BUGOUT-BAG

Der Fluchtrucksack ist ein Rucksack zum Fliehen – das sagt ja schon der Name. Ein kleiner Witz am Rande. Aber im Grunde ist es genau das. Wenn Sie zu den Menschen gehören, die nur eine kleine Wohnung haben und keinen ausreichenden Lebensmittelvorrat anlegen können, dann wäre eventuell der Fluchtrucksack etwas für Sie.

Auch das Bundesamt für Bevölkerungsschutz und Katastrophenhilfe rät dazu, ein Notfallgepäck zu haben. Wenn zum Beispiel das Haus brennt, eine Bombe entschärft werden muss oder es ein Erdbeben (oder in unseren Breitengraden wohl eher eine Überschwemmung) gibt, dann muss das Haus oder die Wohnung sofort verlassen werden können. Für solche Fälle steht der Fluchtrucksack immer bereit.

Nun aber erst mal von Anfang an. Es gibt genau wie beim Lebensmittelvorrat und bei den Arten des Preppen auch hier verschiedene Arten der Fluchtrucksäcke. Zum Beispiel gibt es sogenannte *EDCs* (Every Day Carry). Das sind kleine Boxen, Beutel oder auch Rucksäcke, je nach Geschmack, in denen sich alles befindet, was man benötigt, um sich im schlimmsten Fall bei vielen Dingen behelfen zu können. In einem EDC könnten sich folgende Dinge befinden: ein Feuerstahl, mit dem sich wunderbar ein Feuer entzünden lässt, Watte, eben für dieses Feuer oder auch für Wunden, Draht, eine Angelschnur und ein Angelhaken, ein kleines Messer, eine Notfallpfeife, eine Sägeschnur und – ebenso wichtig – ein Kompass. Man kann diese EDCs fertig kaufen oder sich selbst zusammenstellen. Je nachdem, wie die eigenen Bedürfnisse sind. Das praktische an diesen kleinen Dingern ist, dass sie in jede Handtasche und in jeden Rucksack passen. Und schon ist man für den Notfall gerüstet. Fast! Hatten Sie schon mal einen Kompass in der Hand? Wenn ja, dann ist das großartig. Wenn nicht, dann sollten Sie sich definitiv damit befassen, wie Sie einen Kompass benutzen, aber das würde unseren Rahmen leider sprengen.

Bei allem, was das Preppen angeht, gilt: Üben Sie es, bevor die Krisensituation kommt. Denn es gibt nichts Schlimmeres, als alles Nötige dazuhaben, aber nicht zu wissen, wie man es benutzt. Die wichtigste Ressource ist vor allen materiellen Dingen das Wissen. Stellen Sie sich nur vor, dass Sie an alles gedacht haben, perfekt auf jedes denkbare und undenkbare Szenario vorbereitet sind und dann scheitern Sie leider daran, ein Feuer zu machen. Wie schon gesagt, auch das Üben ist eine Form des Prepping. Wahrscheinlich ist es sogar die wichtigste Form der Vorbereitung.

Wer jetzt aber nicht nur einen Tag soeben überleben, sondern wirklich auf den Ernstfall vorbereitet sein möchte, der wird eine Nummer größer denken. Es gibt Fluchtrucksäcke, die ungefähr 5 kg oder auch 10 kg schwer sind. In Rucksäcken dieser Größe ist das Nötigste drin, um quasi aus dem Schlaf aufzuwachen, sich den Rucksack zu schnappen und zu verschwinden, wenn man so will. Diese Rucksäcke nennt man *B.O.B* oder auch *Bugout-Bag*.

Damit Sie sich das Ganze besser vorstellen können, wollen wir gemeinsam einen Gedankenexkurs machen. Wir begeben uns noch mal in die Situation des mehrtägigen Stromausfalls. Leider ist die Wohnung zu klein für einen guten Lebensmittelvorrat. Sie haben keinerlei Möglichkeiten, Lebensmittel einzukaufen, da in den Supermärkten alles, nebst Türen und Kassen, elektrisch betrieben ist. Also haben Sie sich dazu entschieden, im Vorfeld und in weiser

Voraussicht einen Fluchtrucksack vorzubereiten. In dieser Situation wollen wir nun zu einem sicheren Ort hin. Sagen wir, das Haus der Großeltern auf dem Land nicht weiter als 20 km entfernt. Im ersten Moment werden Sie wahrscheinlich schlucken und denken, dass 20 km viel zu weit sind. Das aber nur, weil wir Menschen von heute es nicht mehr gewöhnt sind, weitere Strecken zu Fuß zu gehen. Aber ein ungeübter Mensch kann ohne Probleme bis zu 15 km an einem Tag zurücklegen und wenn Sie regelmäßig üben, zum Beispiel indem Sie wandern gehen, dann gehen auch schnell 20 km und viel mehr. Wieder wird deutlich, dass Sie üben müssen.

Zurück zu dem Beispiel: Der Stromausfall kam und Sie hatten nicht genug Vorräte im Haus. Also haben Sie Ihren Fluchtrucksack, der in der Größe 5 bis 10 kg ist, genommen und haben sich auf den Weg zum Haus Ihrer Großeltern gemacht. Mit Sicherheit hinterfragen Sie jetzt bereits, warum Sie einen Fluchtrucksack brauchen, wenn Sie doch im Vorfeld fleißig jedes Wochenende mit der Familie wandern waren und die 20 km ohne Probleme schaffen. Wie Sie schon gelernt haben, gehört es zum Prepping dazu, alles lieber zweimal zu hinterfragen und lieber etwas zu gut vorbereitet zu sein. Sie haben sich also auf den Weg gemacht und plötzlich ist die Straße, die Sie für den Weg eingeplant hatten, aber voll mit Autos. Diese kommen wegen der ausgefallenen Ampeln und Bahnschranken nicht weiter und Menschen, die wütend sind, fangen an zu schreien und beginnen, handgreiflich zu werden. Sie wollen sich und Ihre Familie aus dieser Situation entfernen und müssen einen anderen Weg wählen.

Sie sollten im Vorfeld auch eine zweite Route festgelegt und regelmäßig abgelaufen haben. Diese Route führt Sie durch unwegsames Gelände, dafür sind hier jedoch auch keine aufgebrachten Menschen. Allerdings ist dieser Weg auch länger als der andere und Sie müssen eine Nacht in der Natur verbringen. Dafür ist Ihr kleiner Fluchtrucksack gut. Darin sollten sich ein Tarp (eine wasserdichte Plane, die es in Tarnfarben und verschiedenen Größen gibt), Paracord (ein multifunktionales und vielseitig einsetzbares, leichtes Seil), sowie Wärmedecken, ein Messer, Draht, ein Feuerstahl, und Watte, die am besten zuvor in Vaseline getränkt wurde, um auch feuchtes Holz entzünden zu können, befinden. Aber auch Verbandsmaterial und ein Vorrat an

Lebensmitteln; sowie Wasser gehören unbedingt in Ihren Fluchtrucksack. Außerdem sollten Sie an Isomatten und Schlafsäcke denken, um eine Hypothermie zu vermeiden. Und auch Kleidung für ein paar Tage sollte laut Bundesamt für Bevölkerungsschutz und Katastrophenhilfe nicht fehlen.

Ebenso sollten eine Taschenlampe und Ersatzbatterien vorhanden sein. In der Checkliste des Bundesamtes steht auch ein batteriebetriebenes Radio, damit man auch die Nachrichten verfolgen kann. Hierbei empfiehlt sich ein Kurbelradio, das eben keine Batterien benötigt, sondern per Kurbel aufgeladen wird. Der Vorteil ist, dass Sie daran auch Ihr Handy aufladen können. Was etwas Vorbereitungszeit benötigt, aber doch sehr wichtig ist, sind persönliche Dokumente, die Sie ebenfalls in einem wasserfesten Dokumentenfach in Ihrem Rucksack dabeihaben sollten. Natürlich können Sie das alles auch auf einem USB-Stick bei sich tragen, aber bedenken Sie den Fall eines Stromausfalls. Wo sehen Sie die wichtigen Ausweisdokumente ein? Wo und wie drucken Sie diese aus? Das sind extreme Beispiele, doch Sie haben ja schon gelernt, dass Sie auf alle Eventualitäten vorbereitet sein sollten.

Sie sehen: Es bietet sich an, dass jede Person ihren eigenen Fluchtrucksack hat. Das ist ebenfalls vorteilhaft, wenn – aus welchen Gründen auch immer – die Familie getrennt werden sollte. Üben Sie mit Ihrem Partner und Ihren Kindern nicht nur das Wandern und die einzelnen Wege. Proben Sie auch, was im Ernstfall zu tun ist: Wie sind welche Gegenstände im Rucksack anzuwenden? Wie können Sie miteinander kommunizieren, wenn ein Treffpunkt von einer Partei nicht angesteuert wurde, aber von der anderen Partei verlassen werden musste? Wie können Sie sich die Natur zunutze machen?

Auch in diesem Fall sollten Sie schnell merken, dass Prepping auf der einen Seite eine sehr individuelle Sache ist, aber auf der anderen Seite ist es ein System, das man sich aneignet.

Bleiben wir aber in unserem Beispielszenario. Sie sind also mit Ihrer Familie fernab der Wege länger als einen Tag unterwegs gewesen und haben das Haus der Großeltern, in dem es für alle einen ausreichenden Lebensmittel- und Wasservorrat gibt, unbeschadet erreicht. Herzlichen Glückwunsch!

Sicherlich können Sie sich denken, dass man auch die Größe der Rucksäcke steigern kann. Es gibt

Prepper, die ungefähr 20 kg- Rucksäcke haben und mit denen nicht zu einem sicheren Ort fliehen, sondern in der Natur verbleiben. Diese Fluchtrucksäcke nennt man dann *I.N.C.H.*- Rucksäcke. Dies ist eine Abkürzung für *„I Will Never Come Home"*. So ein Rucksack ist, wie sein Name schon sagt, dafür ausgelegt, nie wieder zurückzukommen. Im Idealfall befinden sich genau wie in einem kleineren Rucksack darin Nahrung und auch Wasser, hier allerdings für mindestens drei Tage.

Aber auch ein Wasserfiltersystem oder eine Möglichkeit, Wasser zu säubern, eine Plane oder ein Tarp, ein Paracord, ein Schlafsack, eine Isomatte, Verbandsmaterial und Hygieneartikel, ein Messer und ein Feuerstahl sollten sich im Rucksack befinden. „Wieso Nahrung und Wasser für mindestens drei Tage?" Dass werden Sie sicherlich jetzt denken. Der Rucksack ist doch dafür gedacht, dass man gar nicht zurückkommt. Das ist absolut korrekt! Allerdings kann leider auch mal der Fall eintreten, dass man kein Wasser findet. Besonders in den letzten Jahren war es in den Sommermonaten auch hier in Deutschland sehr trocken und die Flussbetten sowie die Bachläufe waren fast gänzlich ausgetrocknet.

Natürlich könnten Sie anfangen, in einem Bachlauf nach Wasser zu graben. Eine Wanderung hingegen kann die Kräfte bis auf ein Minimum aufzehren und die Vorstellung, dann auch noch nach dem überlebenswichtigen Elixier graben zu müssen, dürfte keine schöne Vorstellung sein. Es empfiehlt sich also, mindestens 6 Liter sauberes und haltbares Wasser in seinem I.N.C.H. – Rucksack zu haben und wenn man auf eine Wasserquelle stößt, dieses auch wieder aufzufüllen.

Sie dürften schon ahnen, welcher Rat an dieser Stelle kommt. Sollten Sie sich dazu entschieden haben, einen I.N.C.H. – Rucksack für sich als Prepping Variante zu wählen, dann dürfte Ihnen jetzt auch schon klar sein, dass dieser nicht gepackt in der Ecke steht und Sie ihn im Krisenfall nehmen und losziehen können. Sie sollten sich langsam mit dem Gewicht steigern und auch mal nachts draußen schlafen. Dies ist in Deutschland in einem Zelt an nicht dafür vorgesehenen Plätzen allerdings verboten. Zum Glück gibt es diesbezüglich aber eine große Grauzone. Ein Tarp, wie es hier schon des Öfteren aufgezählt wurde, ist eine Plane und kann mit etwas Übung und wenig Handgriffen zu einer Art Zelt umgebaut werden. Per Definition sind Zelte nämlich bauliche Anlagen bestehend aus Tragkonstruktionen, die sich aus verschiedenen Stoffen zusammensetzen können und eine textile oder planenähnliche Hülle besitzen. Demnach bilden die Tragkonstruktion und die Hülle einen geschlossenen Raum. Dadurch, dass man an dem Tarp keinen festen Boden hat, ist dies also auch kein Zelt. Denn mit so einem Zelt wäre eine Übernachtung in der Natur – wie bereits erwähnt – verboten. Unter einem Tarp hingegen nicht, da es sich hierbei um keinen geschlossenen Raum handelt. Wenn Sie mit Ihrem Fluchtrucksack üben, achten Sie bitte darauf, dass Sie dabei die Natur nicht zerstören, denn diese schützt Sie in der Krise.

Diesbezüglich gibt es einige Verhaltensregeln, die zu beachten sind. Zum Beispiel sollten Sie nie ein offenes Feuer machen, sondern zu diesem Zweck immer eine Erdhöhle oder eine mitgebrachte Feuerschale nutzen. Sonst gibt es schnell einen Waldbrand. Sollten Sie weiteres Interesse in diesem Bereich haben, dann wird Sie das Thema *Bushcraften* im Allgemeinen auch interessieren. Doch das würde unseren Rahmen leider zu sehr ausreizen.

Wichtig ist und bleibt: Üben! Auch hier sei noch gesagt, dass es nicht DEN einen Fluchtrucksack gibt. Es gibt auch hier verschiedene Fragen zu beachten. Auf diese wird im Kapitel „Welche Art des Prepping ist für wen geeignet und wie kann man damit beginnen?" eingegangen.

BUNKER

Nun noch der Bunker. Ein jeder wird ihn kennen. Besonders der Nachkriegsgeneration ist er wohl noch ein Begriff. Zur Zeit des Zweiten Weltkriegs gab es in jeder Stadt einen Bunker, in dem ein Großteil der Bewohner unterkommen und Schutz finden konnten, wenn ein Bombenangriff drohte. Und das ist auch der Hintergrundgedanke hinter den heutigen Bunkern. Wie Sie weiter oben gelesen haben, gibt es denkbare und undenkbare Szenarien, auf die sich Prepperinnen und Prepper vorbereiten. Unter ihnen gibt es auch diejenigen, die sich für einen möglichen Atomkrieg oder einen Super-GAU wappnen. Aus diesen Gründen haben sie entweder aus ihrem Keller einen strahlensicheren Bunker gebaut oder diesen an einer anderen Stelle errichtet.

Meistens gibt es in diesen Bunkern genügend Lebensmittel und Wasser für die Familie, der dieser gehört. Außerdem verfügen sie im idealen Fall über ein Belüftungssystem, damit es auch kein Problem ist, ein paar Tage nicht an die frische Luft gehen zu müssen oder zu können. So ein Bunker sollte auch über eine eigene und unabhängige Stromversorgung verfügen. So können Sie auch in einer Situation wie dem oben beschriebenen Stromausfall ohne Bedenken die nützlichen Gegenstände wie Herd und Co benutzen. Je nach Szenario, auf das Sie sich vorbereiten, ist sowohl ein Frischwasser- als auch ein Abwassersystem von Vorteil.

Sie merken schon, ein Bunker ist ein teures Vergnügen. Außerdem ist es wichtig, dass er gut gesichert ist und nicht über der Familie zusammenstürzt. So schlimm es auch klingen mag, aber der Standort des Bunkers sollte ebenfalls geheim sein. Viele Menschen bereiten sich nämlich auf keinerlei denkbare oder undenkbare Szenarien vor. Wenn es dann zu einer Krisensituation kommt, verfallen sie in Panik und denken vor allem an ihr eigenes Überleben. Das ist seit der Evolution in uns Menschen nun einmal so verankert und schützt uns, aber es bringt uns auch in die Bredouille.

Stellen Sie sich vor, dass Sie die Möglichkeit haben, für sich und Ihre Familie einen Bunker zu erwerben und zu bestücken. Das kostet Sie viel Geld und Mühe, aber Sie wollen ja vorbereitet sein. Sie erzählen Ihren Nachbarn davon, nicht nur von dem Projekt, sondern auch wo der Bunker ist und wo der Schlüssel ist, weil sie den nicht immer mitnehmen wollte. Aus heiterem Himmel kommt es an einem Tag zu unserem Stromausfall und Sie machen sich mit Ihrer Familie auf den Weg in den Bunker. Sie haben das oft geübt und auch davon dem Nachbarn freudig erzählt. Dort angekommen, müssen Sie leider feststellen, dass eben dieser Nachbar mit seiner Familie in Ihrem Bunker ist und Sie nicht hineinlässt.

Natürlich sollen Sie nicht paranoid werden und jedem Menschen in Ihrer Umgebung misstrauen. Sollten Sie einen Bunker haben, dann halten Sie es am besten einfach geheim und halten auch Ihre Familie zur Geheimhaltung an. Das war nur ein Beispiel dafür, was passieren könnte. Denn man kann den Menschen leider nur vor den Kopf schauen und in Krisensituationen erkennt man dann ihr wahres Wesen.

Wie Sie es letztlich handhaben, das bleibt Ihre Entscheidung. Sie könnten sich mit Ihren Nachbarn ja zusammentun und einen gemeinsamen Bunker anschaffen, in dem Platz für alle Familien ist.

FLUCHTFAHRZEUG ODER BUGOUT VEHICLE

Das *Bugout Vehicle*, auf Deutsch einfach Fluchtfahrzeug genannt, ist einfach erklärt. Es handelt sich hierbei um ein Fahrzeug, mit dem Sie die Flucht antreten können, wenn Sie dies nicht zu Fuß machen möchten oder vielleicht auch nicht können. Zum einen kann es ganz simpel Ihr normales Auto sein, das Sie dazu ausgerüstet haben, um die Flucht zu schaffen. Aber auch ein Motorrad oder ein Fahrrad können Fluchtfahrzeuge sein. Alle haben ihre Vor- und Nachteile. Das Gepäck ist das Gleiche wie bei den Fluchtrucksäcken, eventuell aber mit der kleinen Erweiterung von Sprit und Werkzeugen für das jeweilige Fahrzeug.

Das Auto bietet natürlich große Vorteile: Zum einen den Platz für Gepäck und Personen, zum anderen kann man zur Not auch im Auto schlafen. Es gibt sogar schon heute einige Menschen, die ihr Auto so umgebaut haben, dass sie darin leben können, auch ohne Krisensituation. Jedoch gibt es auch zwei große Nachteile, die ein Auto mit sich bringt: Einerseits benötigt es Sprit. Während einer Krisensituation ist es nicht unbedingt möglich, zu tanken. Woher bekommen Sie also den benötigten Sprit? Sie können diesen in einigen Kanistern auch im Kofferraum haben. Leider würde das wieder Platz nehmen. Der zweite Nachteil ist, dass Sie in einer akuten Krisensituation höchstwahrscheinlich mit dem Auto nicht weitkommen. In unserem Beispiel vom mehrtägigen Stromausfall würde es ein Verkehrschaos geben. Sie würden höchstwahrscheinlich mit vielen anderen im Stau stehen und hätten nicht viel gewonnen.

In einer solchen Situation wäre ein Motorrad wesentlich wendiger und man könnte wenigstens noch eine zweite Person transportieren. Allerdings stellt sich hier erneut die Frage, wo man den benötigten Sprit herbekommen würde. Ein Motorrad hat einen wesentlich kleineren Tank als ein Auto und muss öfter betankt werden. Außerdem hat ein Motorrad wesentlich weniger Staufläche. Aber Sie müssen nicht alles mit eigener Kraft tragen, das ist der große Vorteil dieses Fluchtfahrzeuges.

Ein ideales Fluchtfahrzeug ist wohl das Fahrrad. Natürlich gibt es auch hier ein paar Nachteile. Sie müssen sich mit eigener Muskelkraft von A nach B bewegen und es kann nur eine Person auf einem Rad sitzen. Aber es gibt auch einige nennenswerte Vorteile. Eben weil man sich mit eigener Muskelkraft bewegt, ist man frei von Tankstellen und der Notwendigkeit des Auftankens. Durch geschickt angebrachte Gepäcktaschen verteilt sich das Gewicht wunderbar auf das ganze Rad. Somit hat man deutlich höhere Lastkapazitäten als auf dem eigenen Rücken. Kommt man mal in unwegsames Gelände oder an zu steile Berge, dann ist es nicht so schwer zu schieben. Sollten es einmal nötig sein, eine Reparatur vorzunehmen, kann man das in der Regel auch selbst machen, wohingegen man bei einem Auto oder bei einem Motorrad meistens einen Fachmann benötigt.

Letzten Endes bleibt auch dies Ihnen überlassen und lässt sich ganz Ihren persönlichen Bedürfnissen anpassen.

Welche Art ist für wen am besten?

Nun haben Sie viel Theorie über verschiedene Arten des Prepping gelernt, sich bereits gedanklich in eine Krisensituation hineinversetzt und es kribbelt Ihnen wahrscheinlich in den Fingern, da Sie endlich selbst damit beginnen wollen, zu preppen und es nun auch können.

Bevor Sie jetzt in den nächsten Supermarkt stürmen und Lebensmittel für einen Zehntagesvorrat kaufen, sollten Sie sich allerdings noch ein wenig Zeit nehmen. Greifen Sie zu Zettel und Stift und schreiben sich erst mal auf, in welcher Lebenssituation Sie sich jetzt befinden. Hier ein paar Fragen, welche Sie sich im Vorfeld stellen sollten:

Wohnen Sie allein, mit einem Partner oder mit Ihrer Familie? Wie viele Personen sind das? Wie alt sind die Personen, die mit in Ihrem Haushalt leben? Das Alter ist deswegen wichtig, um eventuelle besondere altersabhängige Gegebenheiten mit zu bedenken. Spätestens hier merken Sie, dass Sie Ihre Vorbereitungsliste regelmäßig überprüfen und gegebenenfalls auch abändern sollten, wenn Sie in einem Haushalt mit kleinen Kindern oder mit älteren Menschen leben. Das hat dann zur Folge, dass auch Ihr persönliches System, nach dem Sie preppen, angepasst werden sollte.

Des Weiteren sollten Sie sich die Frage stellen, ob irgendjemand in Ihrem Haushalt eine besondere Ernährung benötigt. Aufgrund von Lebensmittelunverträglichkeiten zum Beispiel oder wegen einer Allergie. Oder hält jemand eine besondere Diät ein? Auch darauf sollte geachtet werden.

Wenn an dieser Stelle die menschlichen Bewohner Ihres Haushaltes abgedeckt sind, dann gilt es auch noch Ihre tierischen Mitbewohner zu bedenken. Haben Sie Haustiere? Wenn ja, wie viele? Benötigen diese eventuell eine besondere Ernährung?

Nun sollten Sie sich die Zeit nehmen, um Ihre Ausweisdokumente und die Ihrer Familie zu sortieren und zu kopieren. Wenn Sie schon einmal dabei sind, können Sie sie auch noch zusätzlich einscannen. Denn egal für welche Variante des Prepping Sie sich später entscheiden, es kann nie schaden, die wichtigsten Dokumente mehrfach gesichert zu haben.

Zu diesen Dokumenten zählen:

- Familienurkunden, wie Geburtsurkunden, Heirats- oder Steuerbekundungen
- Sparbücher, Versicherungspolicen, Kontoverträge, Wertpapiere
- Renten-, Einkommens- und Einkommenssteuerbescheide
- Qualifizierungsnachweise, wie zum Beispiel Schulzeugnisse, Hochschulzeugnisse und Zertifikate über weitere Qualifikationen
- Verträge und Änderungsverträge, auch Mietverträge zählen dazu

- Testament, Patientenverfügung und Vollmacht
- Personalausweis, Reisepass, Führerschein und Fahrzeugpapiere
- Nachweise der Arbeitsämter, Bescheide der Agentur für Arbeit
- Belege für Versicherungsprämien
- Mitglieds- oder Beitragsbücher von Verbänden und Vereinen
- Belege für offene Zahlungsansprüche

Sie sehen: Sie benötigen für diese Vorarbeit eine gewisse Zeit und es ist nötig, die Dokumentenmappe regelmäßig auf den neusten Stand zu bringen.

Wenn Sie diese Vorarbeit geleistet haben, dann können Sie sich ins Vergnügen stürzen und anfangen zu preppen.

LEBENSMITTELVORRAT

Leider können Sie jetzt nicht direkt loslaufen und einen Großeinkauf machen. Entschuldigen Sie bitte. Am Anfang gilt es zunächst auch hier ein paar Fragen zu klären, die Aufschluss darüber geben sollen, ob ein Lebensmittelvorrat in Ihrer eigenen Wohnung überhaupt für Sie infrage kommt. Sie wissen ja, dass Sie dafür einiges an Platz brauchen.

Nun führen Sie sich bitte vor Augen, wo in Ihrem Wohnbereich Sie diesen Vorrat anlegen wollen. In einem extra zur Verfügung stehenden Raum? Haben Sie vielleicht sogar einen Keller? Wie ist die Temperatur in diesem Raum? Das ist deswegen wichtig, um eine möglichst lange Haltbarkeit von Wasser und Lebensmitteln zu gewährleisten. Wenn die Temperatur zu oft schwankt, dann eignet sich der Raum eher weniger. Ein Raum mit einer gleichbleibenden Temperatur (am besten unter 10°C) ist am besten geeignet.

Haben Sie so einen Raum? Großartig! Aber auch wenn Sie keinen idealen Raum für einen ausreichenden Lebensmittelvorrat haben, können Sie dieses Kapitel trotzdem lesen. Es stecken viele wissenswerte Informationen für jeden Prepper drin. Und Sie können den Vorrat ja ganz nach Ihren Bedürfnissen abwandeln.

Wenn Sie einen geeigneten Raum im Sinn haben, den Sie zum Vorratsraum umwandeln möchten, dann machen Sie sich einen Plan, wo im Regal was stehen soll. Die schweren Sachen wie Wasser sollten im unteren Bereich des Regals stehen. Aber dann auch vorne, da Sie dieses am häufigsten benötigen werden. Was brauchen Sie noch für Ihren Vorrat? Auch andere Flüssigkeiten wie Fruchtsäfte sind geeignet, da diese sich längere Zeit lagern lassen.

Wasser war hier bereits Thema. Wie können Sie Ihr Wasser denn nun haltbar machen? Sie können – wie oben bereits erwähnt – Wasser in Kanistern kaufen. Auf diesen ist ebenso wie auf Lebensmitteln ein Haltbarkeitsdatum zu lesen. Außerdem gibt es noch andere Möglichkeiten, Ihr Wasser haltbar zu machen, wenn Sie lieber Leitungswasser abzapfen möchten.

Zum einen kann man in vielen Fachgeschäften chemische Mittel kaufen, die dann mit dem Wasser in den zuvor gereinigten Kanister oder Tank gefüllt werden. Diese halten das Wasser bis zu sechs

Monaten keimfrei. Schreiben Sie sich also am besten das Abfülldatum auf den Kanister oder auf eine Inventarliste. Verbrauchen Sie das Wasser, bevor es schlecht wird und kümmern Sie sich um Nachschub. Der Nachteil an diesen chemischen Mitteln ist der Geschmack des Wassers. Man kann es abkochen, aber ein Restgeschmack bleibt bestehen. Zum Kochen ist es aber sicherlich ohne Bedenken zu benutzen.

Dann gibt es auch noch eine altbewährte Methode, die schon vor hunderten von Jahren benutzt wurde, um Wasser zu reinigen. Man hat reines Silber genommen, um das Wasser keimfrei zu bekommen. Dazu empfiehlt es sich, im Fachgeschäft oder im Internet einen Block reines Silber zu kaufen. Dieser wird desinfiziert, in den gereinigten Kanister gelegt und anschließend wird Wasser eingefüllt. Der Silberblock bleibt im Kanister. Damit der Kanister nicht beschädigt wird, ist ein Block mit abgerundeten Ecken ratsam. Wegen der Größe des Bocks wird man Sie im Fachhandel beraten. Nachteile an dieser Methode sind sicherlich die Kosten und man kann leider nicht genau sagen, wie lange das Wasser haltbar ist.

Eine weitere und sehr aufwendige Methode ist das Einwecken von Wasser. Hierzu werden besonders große Weck- oder Einmachgläser genommen. Anschließend werden diese Gläser und die Dichtungsringe im Falle der Weckgläser sterilisiert, was normalerweise in kochendem Wasser geschieht. Dann wird das abzufüllende Wasser gekocht und in die noch heißen Gläser bis etwas unter den Rand gefüllt. Ringe und Deckel drauf und dann mit Klammern oder Bügeln verschließen. Das Ganze lässt man im Folgenden abkühlen. Dadurch, dass kalte Luft in die Gläser strömen will und die warme Luft raus, entsteht ein Vakuum. Somit ist das Wasser haltbar und durch das Abkochen vorher keimfrei. Bei eingewecktem Wasser ist der Standort noch wichtiger als bei den anderen Lebensmitteln, denn die Gläser dürfen keinen Frost abbekommen. Auch hier lässt sich nur schwer sagen, wie lange das Wasser haltbar ist.

Was Sie sich auf jeden Fall anschaffen sollten, ist ein Filtersystem mit einem Aktivkohlefilter. Diese gibt es in verschiedenen Größen, sodass diese auch wunderbar in einen Fluchtrucksack passen. Aktivkohle hat den großen Vorteil, dass sie nicht nur alle Keime, sondern auch Schwermetalle und

Chemikalien aus dem Wasser filtern kann. Also für einen Prepper definitiv eine Anschaffung wert.

Sie benötigen in Ihrem Vorrat neben ausreichend Wasser – zur Erinnerung: es werden zwei Liter Trinkwasser pro Person gerechnet – auch genügend Lebensmittel.

Hier sollten Sie auch die Lebensmittel verwenden, die Sie im normalen Alltag verwenden. Das macht es in einer Krisensituation leichter. Natürlich können Sie sich jetzt auch hinsetzten und Rezepte für zehn Tage raussuchen und dafür einkaufen, allerdings wäre das wenig ratsam. Genau wie beim Wasser geht es auch um Haltbarkeit. Kaufen Sie luftdicht verschlossene Lebensmittel wie Konserven. Noch mal zur Erinnerung: Achten Sie darauf, dass diese auch zur Not ohne Dosenöffner zu öffnen sind. Wenn Sie gut aufgepasst haben, sollte Ihnen spätestens jetzt auffallen, dass Mehl nicht gut luftdicht verschlossen ist. Aber dennoch bietet es sich an, mehrere Kilo Mehl im Vorrat zu haben, Sie erinnern sich: ca. 3,5 kg Getreide für jeden Erwachsenen. Diese 3,5 kg können sich aus Nudeln, Kartoffeln, Reis und Brot zusammensetzten.

Auch hier noch einmal zur Erinnerung für Sie:

Die Angaben kommen dadurch zustande, dass für jeden Erwachsenen ein Grundbedarf von 2200 kcal pro Tag gerechnet wird. Dass dieser abweichen kann, ist bekannt. Trotzdem ist es hilfreich, einen Richtwert zu haben, an dem auch Sie sich orientieren können.

Da Mehl in keiner luftdichten Verpackung ist, sollten Sie ein luftdichtes Behältnis für ebendieses Mehl in Ihrem Vorratsraum haben. Nudeln und Reis befinden sich zwar in einer luftdichten Verpackung, allerdings empfiehlt sich auch hier eine Umverpackung in ein extra dafür vorgesehenes Behältnis. Das erleichtert den Überblick im Vorratsraum und die Lebensmittel sind vor Schädlingen wie Mäusen und Lebensmittelmotten geschützt.

Zu einem guten Lebensmittelvorrat gehören auch Obst und Gemüse. Diese müssen Sie heute glücklicherweise nicht erst selbst einkochen, sondern können diese ebenfalls im Supermarkt ihres Vertrauens kaufen. Der Vorteil an eingekochtem Obst und Gemüse ist, dass es bereits gekocht ist und nicht noch mehr Wasser benötigt. Es gibt heute auch bereits fermentiertes Gemüse zu kaufen. Der Vorteil an diesem ist, dass die wichtigen Vitamine beim

Einkochen nicht verloren gegangen sind, sondern durch den Fermentationsprozess konserviert wurden. Mit etwas Übung und sollten Sie Interesse daran haben, können Sie Gemüse auch ganz leicht selbst fermentieren. Hierzu gibt es zahlreiche Anleitungen und Videos im Internet, weswegen dieses Thema hier nicht näher erläutert wird.

Für Ihren Vorrat sollten Sie ungefähr 4 kg Gemüse und Hülsenfrüchte pro Erwachsenen rechnen. Achten Sie darauf, dass es Hülsenfrüchte auch getrocknet zu kaufen gibt. Allerdings benötigen diese wiederum viel Wasser für die Zubereitung. Die meisten müssen nämlich eine gewisse Zeit lang in Wasser eingeweicht werden, bevor sie gewaschen und in neuem Wasser mehrere Stunden gekocht werden können. An Obst und Nüssen sollten Sie ungefähr 2,5 kg für jede Person vorrätig haben. Es gibt auch verschiedene Obstsorten, die sich wunderbar lagern lassen. Vor allem Äpfel und gewisse Sorten Birnen gehören dazu. Natürlich gibt es hier auch Trockenobst als Variante. Bedenken Sie hierbei jedoch, dass Sie beim Verzehr des Trockenobstes kein Wasser mit aufnehmen, wie bei einem frischen Obststück oder einem Stück Obst aus der Dose der Fall ist. Ganz im Gegenteil – Ihr Körper benötigt zusätzliches Wasser, um das Trockenobst verarbeiten zu können. Es bietet sich an, einen Teil des Obstes in Nüssen vorrätig zu haben, da diese viel Energie liefern und lange lagerbar sind. Achten Sie aber auf das Haltbarkeitsdatum. Nüsse neigen wegen ihrer Fette genau wie Butter dazu, ranzig zu werden.

Das Bundesamt für Bevölkerungsschutz und Katastrophenhilfe zählt auch Milch und Milchprodukte zu den Lebensmitteln, die in jedem Vorrat vorhanden sein sollten. Für zehn Tage werden für einen Erwachsenen 2,6 kg gerechnet. Achten Sie auch hier darauf, welche Produkte Sie kaufen. Es gibt H-Milch und auch Käse, der nicht gesondert gekühlt werden muss. Diese bieten sich für einen Lebensmittelvorrat an. Auch Eier und Fleisch zählen mit 1,5 kg zum Grundvorrat, lassen sich aber nicht ohne Weiteres für längere Zeit lagern. Bei Fleisch gibt es die Möglichkeit, auf geräuchertes Fleisch oder Wurst zurückzugreifen. Und auch für Eier gibt es verschiedene Möglichkeiten, um sie haltbar zu machen. Zum einen gibt es Volleipulver zu kaufen, dass sich mehrere Jahre lagern lässt. Etwas aufwendiger wäre die Wasserglas- oder auch die Kalkwasser-Methode.

Beides sind recht aufwendige Methoden, die die Eier bis zu sechs Monate haltbar machen. Für die Wasserglas-Methode werden die Eier leicht gebürstet. Es ist äußerst wichtig, die Eier nicht zu waschen, da sonst die äußerste Schicht zerstört wird und die Salmonellengefahr steigt. Anschließend werden 500 ml Wasserglas- Lösung, welche man in einem Fachgeschäft kaufen kann, mit 4,5 l abgekochtem und kaltem Wasser gemischt. Bei der Wasserglas– Lösung handelt es sich um ein wasserlösliches Alkalisilikat. Dann werden die Eier kopfüber in ein Steingefäß – dies ist notwendig, da leider kein anderes Gefäß die Lösung aushält – geschichtet und mit der Lösung übergossen. Am Ende sollte keines der Eier mehr an der Luft sein und zwischen dem Rand des Gefäßes und der Lösung sollten noch ungefähr 2 cm Platz sein. Bei dieser Methode werden die Eier vor den Mikroorganismen auf der Eierschale geschützt, denn die Lösung füllt die Poren der Eierschale auf und macht sie durch Siliziumoxid haltbar.

Die Kalkwasser-Methode funktioniert ähnlich. Allerdings wird hier gelöschter Kalk, den man auch oft schon in einem Baumarkt oder Gartencenter bekommen kann, genommen. Wasser und Kalk werden gemischt und über die geschichteten Eier gegeben. An der Oberfläche des Gefäßes bildet sich nach einiger Zeit eine Kalkschicht. Zerstören Sie diese nicht, sie schützt die Eier. Außerdem bildet sich um jedes Ei eine Kalkschicht, die es dann haltbar macht.

Nun neigt sich der Lebensmittelvorrat fast dem Ende. Zum Schluss wären noch Fette und Öle zu nennen, die mit der krummen Zahl 0,357 kg in der Empfehlung stehen. Diese ergibt sich – wie oben schon erwähnt – durch die Rechnung von 2200 kcal Grundbedarf für einen Erwachsenen pro Tag. Und zusätzliche Fette sollte ein Mensch nach dieser Rechnung nicht zu viele zu sich nehmen. Aber es kann nicht schaden, wenn Sie eine ganze Flasche Öl kaufen.

Zuletzt wäre Ihnen nur noch zu sagen, dass Sie natürlich auch Knabbereien und Süßkram auf Vorrat haben können. Das ist ganz Ihnen überlassen. Vor allem, wenn Sie Kinder haben, ist es vielleicht ganz vorteilhaft, ein paar Süßigkeiten zu haben, sollte es diese tatsächlich mal nicht zu kaufen geben.

Natürlich dürfen Sie Ihr Haustier oder Ihre Haustiere nicht vergessen. Es empfiehlt sich auch hier, immer genug Futter vorrätig zu haben. Besonders dann, wenn spezielles Futter benötigt wird. In diesem Fall ist es ratsam, nicht nur für zehn Tage im Voraus zu planen, sondern für einen ganzen Monat.

Jetzt haben Sie den ganzen Lebensmittelvorrat angelegt und sich schön daran gehalten, alles kühl und luftdicht zu lagern. Leider sind einige Vorräte trotzdem nicht ewig haltbar. Wie können Sie also gewährleisten, immer einen intakten Lebensmittelvorrat zu haben?

Hier kommt die erwähnte Organisation ins Spiel. Setzen Sie sich noch mal hin und tüfteln Sie einen kleinen Plan aus. Wie dieser letztendlich aussehen wird, das ist Ihnen überlassen. Und auch die Zeit wird zeigen, wie Sie und Ihre Familie damit zurechtkommt. Sie können zum Beispiel ein Whiteboard vor den Vorratsraum hängen und eine Strichliste führen. Wenn Sie im normalen Alltag kochen, dürfen Sie diesen Vorrat natürlich auch nutzen, aber füllen Sie ihn wieder auf. Streichen Sie also Striche weg, wenn Sie Dosen aus dem Vorratsraum holen oder schreiben es direkt auf den Einkaufszettel. Dann kaufen Sie beim nächsten Mal die verbrauchten Dosen nach und stellen diese wieder in den Vorratsraum. Aber Achtung! Stellen Sie die neuen Dosen hinter die Älteren. So verbrauchen Sie zuerst das Älteste und haben immer einen intakten Lebensmittelvorrat.

Zu einem Lebensmittelvorrat gehören aber auch noch ein paar andere Sachen, Medikamente und Hygieneartikel beispielsweise. Es empfiehlt sich, immer ein Duschgel und Shampoo mehr zu kaufen und ebenfalls in den Vorratsraum zu stellen. Wenn Sie sichergehen wollen, dann kaufen Sie Stückseife, die kann nicht auslaufen oder nach einiger Zeit komisch riechen. Verfahren Sie beim Verbrauchen hier genauso wie bei den Lebensmitteln. Wenn Sie persönlich bestimmte Medikamente benötigen, werden Sie diese wahrscheinlich bereits in einem gewissen Vorrat in Ihrem Haus haben. Es ist jedoch auch ratsam, Medikamente gegen Übelkeit, Erbrechen, Durchfall, Schmerzen und Fieber, sowie Erkältungen vorrätig zu haben. Ebenso sollten Hautdesinfektionsmittel, Wunddesinfektionsmittel, Sonnenbrandsalbe und Insektenstichsalbe mit zu Ihrem Medikamentenvorrat zählen. Beachten Sie bitte hierbei, dass auch Medikamente ein Verfallsdatum haben. Im Grunde können Sie hier ganz genauso verfahren wie bei den Lebensmitteln. Wenn Sie etwas von den Medikamenten benutzt haben, dann füllen Sie es wieder auf. Das ist enorm wichtig, um einen ausreichenden Vorrat für Sie und Ihre Familie gewährleisten zu können. Fragen Sie sich hierzu erneut, wie viele Personen in Ihrem Haushalt leben und wie viele Tage Sie wohl mit dem vorhandenen Vorrat auskämen. Würden beispielsweise die Schmerzmittel für jeden reichen? Oder müsste jemand verzichten und im schlimmsten Fall leiden? Wie ist das mit Ihren Haustieren? Haben Sie für den Notfall auch für diese die erforderlichen Medikamente?

Zudem darf in keinem Haushalt ein Verbandskasten fehlen. Diesen können Sie mit einer Pinzette für Splitter oder Zecken und einem Thermometer ausstatten und an einem gut zugänglichen Ort aufbewahren. Auch hier sollten Sie sich fragen, ob der Inhalt für alle in Ihrem Haushalt lebenden Personen reicht.

Wenn Sie nun entschieden haben, dass diese Version des Prepping ein gutes System für Sie ist, können Sie ohne Weiteres beginnen. Natürlich dürfen Sie auch weiterlesen, denn Sie können die Systeme miteinander verbinden. Das ist ganz von Ihnen abhängig und kommt auf Ihre persönlichen Bedürfnisse an.

FLUCHTRUCKSACK ODER AUCH BUGOUT- BAG

Die Vorarbeit für einen Fluchtrucksack ist die Gleiche wie für einen Lebensmittelvorrat. Sie müssen sich die gleichen Fragen stellen, die gleichen Dokumente vorbereiten. Nun sollten Sie sich aber noch die Frage stellen, ob Sie so oder so ein *B.O.B* anschaffen und packen möchten, oder ob Sie eine größere Variante wählen.

In jedem Fall sollten Sie sich Ihre Lebenssituation für einen größeren Fluchtrucksack noch mal vor Augen führen. Haben Sie Kinder? Wie alt sind diese? Schaffen diese es schon, eine längere Strecke allein am Stück zu laufen oder müssten sie auch mitgetragen werden? Dann bedenken Sie, dass das Gepäck der Kinder ebenfalls von Ihnen oder Ihrem Partner getragen werden muss. Das soll kein Ausschlusskriterium sein. In keinem Fall heißt es, dass Familien sich nicht mit einem *I.N.C.H.*-Rucksack ausstatten können und diesen auch zu benutzen wissen. Im Gegenteil – es kann sehr vorteilhaft sein, dass die Kinder von klein auf lernen, wie man mit jedem Gerät und Gegenstand im Rucksack umgeht. Zudem hat man eine Freizeitaktivität für die ganze Familie, die Wandern und Camping verbindet. Auch hier stellt sich erneut die Frage, ob Sie Haustiere haben. Was passiert mit diesen während der Krise? Kommen sie mit? Bei einem Hund ist es sehr wahrscheinlich. Aber wie ist es mit Katzen oder gar mit anderen Haustieren wie beispielsweise Fischen? Das sind wichtige Fragen, die Sie sich stellen müssen.

Sollten Sie sich an die Empfehlungen des Bundesamtes für Bevölkerungsschutz und Katastrophenhilfe halten wollen, dann sollten Sie definitiv mindestens ein *B.O.B.* haben. Dafür kann man in verschiedenen Preisklassen bereits fertige Sets kaufen. Aber wenn Sie lieber alles selbst zusammenstellen wollen, dann geht das natürlich auch. Zu diesem Zweck brauchen Sie natürlich einen Rucksack. Dafür können Sie auch einen Alten nehmen, den Sie noch im Schrank liegen haben. Er sollte allerdings ungefähr 30 Liter Fassungsvermögen haben und voll bepackt auch noch bequem auf dem Rücken sitzen. Für den Anfang reicht das. Jetzt können Sie schon fast mit dem Packen beginnen.

Wichtig ist, dass für jede erwachsene Person ein Rucksack gepackt werden sollte. Ihre wasserdichte

Dokumententasche kommt selbstverständlich in den Rucksack. Dann fangen Sie mit dem an, was sie als Letztes in einem *Camp*, Ihrem sicheren Unterschlupf und Übernachtungsplatz, brauchen. Sie werden jetzt vielleicht denken, dass dies eine seltsame Vorgehensweise ist. Aber bedenken Sie: Die meisten Rucksäcke werden von oben gepackt. Deswegen fängt man am unteren Ende an zu packen. Als Letztes brauchen Sie Ihren Schlafsack und die Isomatte, damit diese auch definitiv trocken bleiben.

Stellen Sie sich vor, es ist eine schlimme Krisensituation und Sie müssen nachts auch noch in einem nassen Schlafsack schlafen. Da wäre es ohne wahrscheinlich besser. Keine Sorge wegen der Größe des Schlafsacks. Es gibt heutzutage Schlafsäcke mit kleinem Packmaß, die aber trotzdem sehr gut warmhalten. Wenn Sie keinen neuen Schlafsack kaufen wollen, ist das auch kein Problem. Packen Sie Ihren vorhandenen in einen Müllsack, damit er wasserdicht ist, und schnüren Sie ihn später unter oder oben auf den Rucksack. Nehmen Sie Ihr Haustier mit, wo wird dieses schlafen? Auch wenn Hunde und Katzen ein Fell haben, frieren sie und benötigen einen Schlafsack. Vielleicht hat jemand in Ihrem Freundes- und

Familienkreis noch einen alten Kinderschlafsack. Diese eignen sich hervorragend für Hunde. Denken Sie aber daran, dass das Tier daran gewöhnt werden, zum einen in einem Schlafsack und zum anderen eventuell in der Natur zu schlafen.

Als Nächstes kommt die Nahrung. Diese sollte für drei Tage reichen. Wenn Sie ein Haustier mitnehmen, dann bedenken Sie dieses unbedingt auch in diesem Punkt. Auch Ihr Haustier braucht Futter, das Sie einpacken sollten. Für sich können Sie Dosensuppen oder auch andere fertige Dosenessen einpacken. Diese wiegen zwar etwas mehr, aber müssen nicht unbedingt gekocht werden und geben viel Energie. Sie können auch Hartkekse, die auch Panzerplatten genannt werden, kaufen. Die halten sich auf jeden Fall eine lange Zeit und geben enorm viel Energie. Genauso sind Energieriegel zu empfehlen, aber achten Sie auf das Verfallsdatum. Zur Nahrung gehört ebenso Wasser. Die Menge sollte ausreichen, um Sie und Ihr Haustier drei Tage zu versorgen. Das Wasser können Sie natürlich immer abgefüllt im Rucksack haben. Achten Sie dann aber bitte darauf, dass es wie oben beschrieben haltbar gemacht wurde. Oder Sie gehen das Risiko ein, kurz bevor Sie das Haus verlassen, Wasser abfüllen zu wollen. Warum ein Risiko? Nun: Sagen wir, es brennt in Ihrem Haus. Wollen Sie dann noch zehn Minuten oder länger im Haus sein und Wasser abfüllen? Außerdem ist es ratsam, dass Sie sich über kurz oder lang ein Wasserfiltersystem anschaffen, damit Sie Ihre Wasservorräte unterwegs auch wieder auffüllen können.

Dann brauchen Sie auch etwas, um das Essen eventuell zu kochen, aber auch, um sich zu wärmen. Hierfür gibt es verschiedenste Arten von Esbit- oder Gaskochern in ebenso vielen Größen und Preisklassen. Hier empfiehlt es sich, wenn Sie sich für den Anfang aus Ihrem Freundes- und Familienkreis so etwas ausleihen und den Umgang damit üben. Sie werden schnell merken, was Ihnen liegt und was nicht. Bitte sehen Sie von offenem Feuer ab. Auch hier in Deutschland steigt die Gefahr von Waldbränden. Für diesen Kocher oder auch für ein Feuer benötigen Sie ein Feuerzeug. Am besten jedoch ein sogenanntes Feuer - Kit, das im Minimum aus einem Feuerstahl und Messer besteht. Denn ein Feuerzeug kann auch mal den Dienst versagen. Wenn Sie aber geübt haben, mit Feuerstahl und Messer ein Feuer zu entzünden, gelingt Ihnen das überall.

Als Nächstes sollten Sie Strümpfe, Unterwäsche und Kleidung einpacken. Letzteres ist ganz nach Ihrem eigenen Ermessen. Viele Prepper sagen, dass es ihnen reicht, wenn sie ihre Unterwäsche und die Strümpfe wechseln können. Die strapazierfähige, warme Kleidung und robustes Schuhwerk würden sie am Körper tragen.

Auch Hygieneartikel wie Zahnbürste, Zahnpasta und Seife sollten nicht fehlen. Achten Sie bitte darauf, dass Sie etwas verwenden, was auch von der Natur gut abgebaut werden kann. In jedem Geschäft für Camping- und Outdoor- Bedarf können Sie solche Seifen und Zahnpasten bekommen. Keine Sorge, diese Produkte reinigen genauso gut wie die anderen im Supermarkt erhältlichen Produkte.

Jetzt kommen wir zu den Dingen, die Sie griffbereit haben sollten. Dazu zählen Medikamente, das sind die Gleichen wie beim Lebensmittelvorrat. Außerdem sollten Taschenmesser, Taschenlampe, Verbandsmaterial und Wunddesinfektion, Arbeitshandschuhe und ein Atemschutz immer griffbereit sein. Wo Sie dieses letztendlich im Rucksack verstauen, bleibt Ihnen überlassen. Doch es sollte Ihnen deutlich geworden sein, warum diese Dinge nicht unter dem Schlafsack vergraben sein sollten.

Es empfiehlt sich, auch ein Tarp mit einzupacken. Wenn Sie nicht direkt viel Geld ausgeben möchten, geht auch jede Plane aus dem Baumarkt. Es soll Ihnen in erster Linie als Wetter- und Windschutz dienen. Um diese Plane zu befestigen, ist es von Vorteil, auch Paracord dabei zu haben. Auch das gibt es günstig im Baumarkt zu erwerben.

Egal, ob Sie für sich nun den Lebensmittelvorrat, den Fluchtrucksack, das Fluchtfahrzeug oder den Bunker wählen – was Sie sich auf jeden Fall anschaffen sollten, ist ein transportables Radio. So sind Sie über alle aktuellen Entwicklungen informiert und bekommen zu hören, wann die Krise überstanden ist. Diese gibt es auch als Kurbelradio, woran Sie dann zusätzlich Ihr Handy und Ihre Powerbank laden können.

Das Prinzip ist für einen *I.N.C.H.*- Rucksack das Gleiche, aber mit der Prämisse, dass Sie sich darauf einstellen, nicht zu einem sicheren Ort zu fliehen, sondern ganz auf sich gestellt sind. Allerdings ist es eine sehr persönliche Entscheidung, ob man einen *I.N.C.H.*- Rucksack benötigt oder nicht. Auch diese gibt es in diversen Preisklassen und verschiedenen

Größen fast komplett zu kaufen.

Nun ist es an Ihnen – packen Sie sich Ihren Fluchtrucksack zusammen. Aber vergessen Sie nicht, sich regelmäßig die Zeit zu nehmen, um sich mit dem Rucksack auseinander zu setzten.

BUNKER

Der Bunker verbindet sowohl alle denkbaren als auch undenkbaren Szenarien und alle Varianten des Prepping miteinander. Allerdings ist ein Bunker auch eine kostspielige Angelegenheit. Denn es handelt sich bei einem Bunker per Definition um ein Bauwerk, dass die Personen im Innern vor Außeneinwirkungen durch Waffen oder Gefahrenstoffe schützt. Dafür sind nicht nur dicke Wände nötig, meist werden diese auch noch durch Stahl verstärkt. Und wie sollte es anders sein – auch diesen könnte man fertig und auf seine Bedürfnisse angepasst kaufen. Heutzutage muss keiner mehr einen eigenen Bunker bauen.

Sie sollten sich also fragen, ob Sie bereit dazu sind, zu diesem Zweck tief in die Tasche zu greifen. Sollte dies so sein, dann stehen Ihnen – ähnlich wie bei Wohnungen - verschiedene Größen zur Auswahl. Umso größer ein Bunker wird, desto teurer wird dieser dann auch. Das kleinste, was man sich einbauen lassen kann, ist ein Panikraum. Nach oben gibt es dann kaum Grenzen.

Aber hier gibt es auch schon wieder einen kleinen Haken. Sie müssen Eigentum besitzen, auf dem Sie bauen dürfen. Ob das nun Ihr eigenes Haus ist oder ob Sie eigens dafür ein Stück Land erwerben. Da sind Ihnen keine Grenzen gesetzt. Und dann steht Ihrem Bunker oder Schutzraum nichts mehr im Wege. Doch fragen Sie sich vorher erneut, wie viele Personen Sie schützen wollen. Haben Sie ein Haustier, das mitkommt?

Beim Bestücken dieses Bunkers gehen Sie genauso vor wie beim Lebensmittelvorrat. Natürlich können Sie hier den Vorrat auch auf mehr als zehn Tage ausdehnen. Je nachdem, wie groß ihr Bunker ist und wie viele Menschen darin Platz haben sollen.

Wenn Sie sich dazu entschieden haben, für die Sicherheit Ihrer Familie das Geld für einen Bunker zu investieren, dieser auch bereits gebaut und bestückt wurde, dann gilt hier das Gleiche wie in jedem anderen Kapitel. Machen Sie sich die Mühe und üben

Sie mit Ihrer Familie den Ernstfall. Je nachdem, wo der Bunker gebaut wurde, müssen Sie eventuell noch dorthin gelangen. Wie machen Sie das? Im normalen Alltag können Sie sicherlich mit dem Auto hinfahren. Doch was ist in einem Krisenfall? Schaffen Sie es zu Fuß zum Bunker oder benötigen Sie ein Fluchtfahrzeug? Arbeiten Sie mehrere Routen aus. Auch wenn es eine weite Strecke ist, Sie sollten versuchen, diese zu Fuß zurücklegen zu können. So sind Sie in jedem Fall auf alles vorbereitet. Denn auch das beste Fluchtfahrzeug kann trotz regelmäßiger Wartung schon mal liegen bleiben. Wenn Sie dann im Bunker angekommen sind, bleiben Sie nicht nur wenige Stunden dort, sondern auch mal ein verlängertes Wochenende. Versuchen Sie, sich und Ihre Familie bewusst in die Lage zu versetzen, die auf Sie zukommen könnte.

Benutzen Sie das Notstromaggregat und keine Handys. Warum keine Handys? Man geht davon aus, dass das Internet bei einem mehrtägigen Stromausfall mit als Erstes zusammenbrechen wird. Vielleicht haben Sie in Ihrem Bunker an andere Freizeitbeschäftigungen gedacht, beispielsweise an einen Fernseher mit DVD-Spieler und DVDs oder

Brettspielen. Je nachdem, auf welches Szenario Sie sich und Ihre Familie vorbereiten, sollten Sie auch versuchen, ein paar Tage nicht oder nur kaum an die frische Luft zu gehen. Das übt Sie, Ihre Familie und eventuell auch Ihr Haustier. Denn nicht jedes Tier kommt von heute auf morgen damit klar, längere Zeit nicht an die frische Luft zu kommen. Auch nicht jeder Mensch schafft das ohne Probleme, deswegen ist es unerlässlich, dass Sie das Üben.

FLUCHTFAHRZEUG ODER AUCH BUGOUT VEHICLE

Bei dem Bugout Vehicle oder Fluchtfahrzeug ist es wieder nicht ganz so einfach. Sie haben schon gelernt, dass sowohl ein Auto, ein Motorrad als auch ein Fahrrad als Fluchtfahrzeug infrage kommen können. Nun müssen Sie sich wieder ein paar Fragen stellen. Zuerst natürlich: Wie viele Personen würden im Notfall fliehen? Mehr als zwei? Und auch hier stellt sich die Frage: Haben Sie ein Haustier? Würde das mitkommen? Fliehen Sie zu einem Ort oder verbleiben Sie mit dem Fahrzeug in der Natur?

Wenn Sie mehr als zwei Personen und ein

Haustier sind, dann bietet sich ein Auto als Fluchtfahrzeug an. Dieses kann sowohl Ihr normales Alltagsauto als auch ein Zweitwagen sein. Wenn Sie einen Zweitwagen besitzen, den Sie nicht oft benutzen, dann können Sie diesen für den Notfall vorbereiten. Das heißt, dass Sie alles Unnötige aus dem Wagen verbannen und jeden gewonnen Platz nutzen. Sie können entweder feste Kisten einbauen oder auch einfach Kisten reinstellen. Achten Sie darauf, dass die Kisten eventuell auch einen Unfall überstehen würden. In diese Kisten verpacken Sie alles, was Sie und Ihre Familie brauchen. Wenn Sie die Absicht haben, zu einem sicheren Ort zu fliehen, dann benötigen Sie weniger Lebensmittel und Wasser, als wenn Sie mit dem Fahrzeug in der Natur verbleiben wollen. Neben Lebensmitteln und Wasser packen Sie auch schon Kleidung und Medikamente, Verbandmaterial und Hygieneartikel in Kisten. Ein Kistensystem nimmt zwar Platz weg, hat aber den Vorteil, dass man alles sehr sortiert in einer dafür vorgesehenen Kiste haben kann.

Aber auch Werkzeuge für das Auto sind wichtig, falls Sie unterwegs eine kleinere Reparatur vornehmen müssen.

Wenn Sie zu einem sicheren Ort fliehen, werden Sie auch irgendwo schlafen. Wo schlafen Sie und Ihre Familie? Im Auto ist wahrscheinlich kein Platz mehr. Sie könnten etwas Geld in ein sogenanntes Dachzelt investieren. Dieses wird auf dem Auto moniert, dann aufgeklappt und mithilfe von Gestänge aufgestellt. Je nach System dauert es nur wenige Minuten und das Dachzelt ist aufgebaut. Dieses ist über eine mitgelieferte Leiter zu erreichen. Sollten Sie aus körperlichen Gründen nicht dazu in der Lage sein, sollten Sie das schon jetzt bedenken. Dann sollten Sie vielleicht dickere Isomatten einpacken, um auf dem Boden schlafen zu können. Es gibt sogenannte *Evazote*-Isomatten. Das sind Schaumstoffisomatten, die aus besonders verdichtetem und geschlossenzelligem Material bestehen. Somit kann sich der Schaumstoff nicht wie ein Schwamm mit Wasser vollsaugen. Zugegeben, die Matten sind nicht die günstigsten und haben auch kein kleines Packmaß, aber sie heben auch ihre Vorteile: Man muss sie nicht erst aufpusten, wenn man endlich einen Platz zum Schlafen gefunden hat. Sie können nicht durch Ästchen oder Dornen kaputt gehen und Luft verlieren. Außerdem isolieren sie einwandfrei. Es gibt viele Prepper, die trotz des großen Packmaßes auf diese Matte schwören.

Wenn Sie keinen Zweitwagen haben, aber trotzdem mit dem Auto fliehen wollen, dann können Sie ähnlich wie bei einem Fluchtrucksack vorgehen. Allerdings wäre es hier von der Größe her ratsam, in Richtung *I.N.C.H.*-Rucksack zu packen. Dieser steht dann für jede Person in Ihrem Haushalt griffbereit und Sie können schnell in Ihr Fluchtfahrzeug. Auch das sollten Sie hin und wieder einmal proben.

In jedem Fall ist es von Vorteil, wenn Sie ein oder zwei Metallkanister mit Sprit in Ihrem Auto lagern. Nur für den Fall, dass man nicht mehr tanken kann. Es kann auch so nicht schaden, einen Kanister Sprit im Auto zu haben, besonders auf längeren Strecken.

Aber wie Sie schon gelesen haben, ist ein Auto bei einer Flucht nicht nur von Vorteil. Besonders dann nicht, wenn alle anderen Menschen die gleiche Idee hatten und die Straßen verstopft sind. Hier ist ein Motorrad praktisch. Für eine Familie wird das allerdings wieder etwas schwieriger. Wenn es sich um vier Personen handelt und kein Haustier dabei ist, dann können beide Elternteile ein Motorrad fahren mit jeweils einem Kind als Beifahrer.

Auch an einem Motorrad lässt sich problemlos einiges an Gepäck anbringen. Dafür benötigt es lediglich Gepäcktaschen. Schwieriger werden Sachen wie Dachzelt und Spritkanister. Leider haben Gepäcktaschen eines Motorrades auch nicht unbegrenzt Platz und wenn man noch einen Beifahrer hat, könnte ein zusätzlicher Rucksack störend sein.

Sie sehen, dass es leider nicht DIE eine Lösung gibt.

Als dritte Variante ist noch das Fahrrad zu nennen. Das kann man auch als Familie nutzen und ein Haustier kann mitkommen. Der Vorteil eines Fahrrades gegenüber dem Motorrad ist, dass man neben den Gepäcktaschen auch noch einen Rucksack auf dem Rücken tragen und eventuell ein Kind in einem Anhänger mitbefördern kann. Aber auch hier gilt: Machen Sie sich einen festen Plan. Wo wollen Sie überhaupt hin? Und dann üben Sie das. Wenn Sie Kinder und ein Haustier haben, gewöhnen sich alle schon mal daran. Das vermindert Panik und Angst, wenn es zu einer Krisensituation kommt.

Beim Fahrrad ist man allerdings darauf angewiesen, unter einem Tarp auf dem Boden oder in einem Hängeschlafsack zu schlafen. Ein Hänge-schlafsack hat den Vorteil, dass man nicht direkt auf dem Boden liegt und den Gefahren ausgeliefert ist. Man ist jedoch auch auf Bäume angewiesen, an denen man den Schlafsack befestigt.

Ein paar Worte zum Schluss

Und nun sind sie dran. Welche Art des Prepping passt in Ihrer jetzigen Lebenssituation am besten zu Ihnen? Keine Sorge – auch wenn sich Ihre Lebenssituation ändern sollte, können Sie die Version des Prepping einfach anpassen. Denn die in diesem Buch beschriebenen Arten können Sie wie Bausteine betrachten und miteinander kombinieren. Und wenn Sie jetzt Sorgen haben und sich komplett überfordert fühlen, machen Sie kleine Schritte. Sie müssen nicht mit einem Bunker anfangen. Sie müssen sowie gar nichts. Es sind alles nur Empfehlungen und Ratschläge, die Ihnen helfen sollen, sich auf denkbare und undenkbare Szenarien vorzubereiten.

Sie werden mit der Zeit immer besser und wenn Sie sich um Ihren Lebensmittelvorrat kümmern, wird Ihnen das plötzlich so leichtfallen wie Fahrradfahren. Nach und nach werden Sie selbst ein Experte und können die Menschen in Ihrer Umgebung genügend informieren. Und wenn Sie noch Fragen haben, es gibt auch hier in Deutschland eine große Gemeinschaft der Prepper, die Ihnen gerne weiterhelfen wird.

Wofür auch immer Sie sich letztendlich entscheiden, lassen Sie sich nicht durch Mitmenschen, die Vorsicht und Vorbereitung als Nonsens ansehen, beirren. Seien Sie sich immer bewusst, warum Sie sich für das Prepping entschieden haben. Wenn Sie vorbereitet sind, helfen Sie auch der Allgemeinheit. Dadurch kann die Infrastruktur im Krisenmodus weiterlaufen. Denn jeder, der vorbereitet ist, gerät nicht so schnell in Angst und neigt nicht zu Panikkäufen. Und nicht vergessen: Üben, üben, üben! Viel Erfolg!

Herstellung und Verlag:

BoD – Books on Demand, Norderstedt

ISBN: 9783751922937

1. Auflage

Kontakt: Psiana eCom UG/ Berumer Str. 44/ 26844 Jemgum

Covergestaltung: Fenna Larsson

Coverfoto: depositphotos.com